# NOTICE

## DES LIVRES

## DE FEU MONSIEUR PERRAL,

Ancien Chirurgien-Major des armées de France
et de l'Arsenal de Paris,

*Dont la Vente se fera le Mercredi 10 Frimaire
an XI, et jours suivans, à cinq heures de relevée,
en l'une des salles du citoyen SYLVESTRE,
rue des Bons-Enfans, n°. 12.*



*SE DISTRIBUE A PARIS,*

Chez GUILLAUME DE BURE, Libraire de la Biblio-
thèque Nationale, rue Serpente, n°. 6 ;
Et chez M. GEORGE, commissaire - priseur, Cloître
Saint-Benoist, n°. 354.

AN XI = 1802.

Les Livres seront expofés dans l'ordre qui suit :

*Le Mercredi* 10 *Frimaire.*

Les Nᵒˢ. 4, 18, 17, 14, 16, 13, 12, 20, 5, 10, 15, 2.

*Le Jeudi* 11.

Les Nᵒˢ. 11, 19, 6, 8, 7, 3, 9, 1.
La pièce anatomique.

Suetone. 2 vol. M. Os.

# NOTICE

## DES LIVRES

## DE FEU MONSIEUR PERRAL.

### Nº. 1. 36 *volumes in-folio.*

LES Métamorphoses d'Ovide, trad. par du Ryer.
    *Bruxelles*, 1677, 1 *vol. fig.* - - - - - - - - · 16.. 1..
Encyclopédie, ou Dictionnaire des Arts & des
    Sciences, par Diderot, &c. *Paris*, 1751,
    35 *vol. fig. v. m.* - - - - - - - - - 541....
    Première édition.

### Nº. 2. 15 *vol. in-fol.*

Dictionnaire Historique, par P. Bayle. *Basle*, 1741,
    4 *vol. v. m.* - - - - - - - - - - - 25....
Dictionnaire Historique, par L. Morery. *Paris*,
    1759, 10 *vol. v. m.* - - - - - - - - 78....
Exposition anatomique de la Structure du Corps
    Humain, en 20 planches coloriées, pour servir
    de supplément à celles déjà données au public,
    par Gautier. *Marseille, form. atl.* - - - - ·31...10.

### Nº. 3. 75 *vol. in-8 & in-12. dont,*

Histoire de Miss Clarisse Harlove, trad. de Richard-
    son. *Londres*, 1751, 6 *vol. in-12. fig. v. éc.* - - - 9....
Suetone, trad. par de La Harpe. *Paris* 1770,
    2 *vol. in-8. v. m.* - - - - - - - - - 15....12.

Syſtême de la Nature, par Mirabaud. *Londr.* 1770, 2 *tom. en* 1 *vol. in-*8. *v. éc.*

La Politique Naturelle. *Londres,* 1773, 2 *tom. en* 1 *vol. in-*8. *v. éc.* = Syſtême Social, ou Principes de la Morale. *Londres,* 1773, 2 *tom. en* 1 *vol. in-*8.

Théâtre de P. Corneille, avec les Commentaires de Voltaire. 1764, 12 *vol. in-*8. *fig. v. éc.*

Les Saiſons, poëme, trad. de Thompſon. *Paris,* 1759, *in-*8. *fig. v. éc.*

Les Saisons, poëme, par Saint-Lambert. *Amſterdam,* 1769, *in-*8. *fig. m. r. dent.*

Béliſaire, par Marmontel. *Paris,* 1767, *in-*8. *fig. m. r.*

Elémens d'Hiſtoire Générale (Hiſtoire Ancienne), par Millot. *Neufchâtel,* 1775, 5 *vol. in-*8. *m. r.*

La Pharſale de Lucain, trad. par Marmontel. *Par.* 1766, 2 *vol. in-*8. *fig. m. r.*

Les Œuvres de Virgile, trad. par Desfontaines. *Paris,* 1743, 4 *vol. in-*8. *fig. m. r. l. r.*

Le Décaméron de J. Boccace, trad. en français. *Londres,* 1757, 5 *vol. in-*8. *fig. m. r.*

N°. 4. 98 *vol. in-*8 *et in-*12. *dont,*

Œuvres de Molière. *Paris,* 1749, 8 *vol. in-*12. *fig. v. éc.*

Œuvres de Regnard. *Paris,* 1758, 4 *vol. in-*12. *v. m.*

Voyage en Sicile & à Malte, trad. de Brydone. *Paris,* 1775, 2 *tom. en* 1 *vol. in-*8. *v. éc.*

Œuvres de M. Thomas. *Paris,* 1773, 4 *vol. in-*12. *v. m.*

Œuvres de Rabelais. *Amſterd.* 1711, 5 *vol. in-*12, *fig. v. b.*

Corneille

Bélisaire. Mlle Noël

Virgile.. M. Caillard

Voltaire. R.

Emile. Mlle Dessal

Essais de Michel de Montaigne. *La Haye*, 1727,
5 *vol. in-*12, *v. m.* - - - - - - - - 12 - - - 4 - -

N°. 5. 43 *vol. in-*4. & *in-*8. *dont* ,

Œuvres de Voltaire. *Genève*, 1768, 30 *vol. in-*4.
*fig. v. m.* - - - - - - - - - 121 - - - 10 D
Œuvres de J. Racine. *Paris*, 1760, 3 *vol. in-*4. *v. m.* . 28 - - -
Œuvres du philosophe de Sans-Souci. 1750,
2 *vol. in-*8. *m. cit.* - - - - - - - - 4 - - - 16.
Lucrèce, traduction nouvelle, avec des notes,
par La Grange. *Paris*, 1768, 2 *vol. in-*8. *fig.*
*v. éc.* - - - - - - - - - 27 - - - 1.
De l'Efprit, par Helvétius. *Paris* , 1758 , *in-*4.
*v. m.* - - - - - - - - - 3 - - - 1.
Emile & la Nouvelle Héloïse, par J. J. Rouffeau.
*Genève* , 1780 , 4 *vol. in-*4. *Gr. Pap. v. éc.* - - 21 - - - 10

N°. 6. 55 *vol. in-*8. & *in-*12. *dont* ,

Hiftoire critique de la Philofophie, par Deslan-
des. *Amfterd.* 1737, 4 *vol. in-*12. *v. f.* - - - - - 4 - - - 1 - -
Vies des plus illuftres Philofophes de l'antiquité ;
trad. de Diogène Laerce. *Amfterd.* 1758 , 3 *vol.*
*in-*12. *fig. v. m.* - - - - - - - - 9 - - - 19
Tableau élémentaire de l'Hiftoire Naturelle des
Animaux, par G. Cuvier. *Paris, an* VI, *in-*8. *br.* . 6 - - - 19
Le Manuel d'Epiétète, trad. par Dacier. *Paris* ,
1715 , 2 *vol. in-*12. *v. m.* - - - - - - 2 - - -
Annales de Tacite, trad. par La Bléterie. *Paris* ,
1768, 3 *vol. in-*12. *v. m.* - - - - - - 6 - - - 1.
Œuvres de Montefquieu. *Londres*, 1769 , 7 *vol.*
*in-*12. *v. m.* - - - - - - - - 12 - - -
L'Efprit de la Ligue, par Anquetil. *Paris*, 1783,
3 *vol. in-*12. *v. m.* - - - - - - - 3 - - - 1.

5....8.. L'Intrigue du Cabinet, fous Henri IV, par le même. *Paris*, 1780, 4 *vol. in-*12. *v. m.*

6.... L'Antiquité dévoilée, par Boullanger. *Amſterd.* 1768, 3 *vol. in-*12. *v. m.*

30.... Les Amours paſtorales de Daphnis et Chloé, trad. de Longus, par J. Amyot. 1718, *in-*8. *m. r.*
Edition originale, avec les figures de M. le Régent.

### N°. 7. 39 *vol. in-*4. *dont,*

22....4.. Mémoires de Philippe de Comines. *Paris*, 1747, 4 *vol. v. m. avec les portraits.*

22....1.. Œuvres de Deſtouches. *Paris*, 1757, 4 *vol. v. m.*

27.... Dictionnaire d'Hiſtoire Naturelle, par Bomare. *Paris*, 1775, 6 *vol. v. m.*

16.... Dictionnaire de Chymie, par Macquer. *Paris*, 1778, 2 *vol. v. éc.*

12.... Traité de la Structure du Cœur, par Senac. *Paris*, 1749, 2 *vol. v. éc.*

75 Le premier et le ſecond Voyage de Cook, trad. en français. *Paris*, 1774 & 1778, 9 *vol. fig. v. m.*

5.... Troisième Voyage abrégé du capitaine Cook. *Paris*, 1785, 3 *vol. in-*8. *v. m.*

39....1. Voyage du Jeune Anacharſis, par l'abbé Barthélemy. *Paris*, 1788, 4 *vol. fig. v. m.*

47.... Recueil d'Eſtampes gravées d'après les tableaux du cabinet de M. le duc de Choiseul. *Paris*, 1771, 1 *vol. m. r.*

22.... Les principales Aventures de Don Quichotte. *La Haie*, 1746, 1 *vol. fig. m. vert.*

12....1. Recueil d'Antiquités dans les Gaules, par La Sauvagère. *Paris*, 1770, 1 *vol. fig. m. r.*

12..19 Hiſtoire de l'Empereur Charles V, trad. de Robertson. *Paris*, 1771, 2 *vol. v. m.*

Daphnis. Mlle Dorval

Recueil d'Estampes. Mlle Dorval

Hiſtoire de l'Amérique, par le même. *Paris*, 1778,
  2 *vol. v. m.* ..... 13 .... 19 ᵗ

Contes Moraux et Idylles de Salomon Geſſner.
  *Zurich*, 1773, 1 *vol. fig. cart.* ..... 6 .... 13 ..

### N°. 8. 115 *vol. in-8. dont,*

Procès-Verbal de l'Aſſemblée Nationale. *Paris*,
  77 *vol. in-8. cart.*
Journal des Débats & des Décrets. 1789, 54 *vol.*
  *in-8. rel. & br.* } 30 .... 1 ..

Hiſtoire philoſophique & politique du Commerce
  des Européens dans les deux Indes, par Raynal.
  *Genève*, 1780, 10 *vol. in-8. et atl. fig. v. m.* ..... 64 ....
Choix de Lectures géographiques et hiſtoriques,
  par Mentelle. *Paris*, 1783, 6 *vol. in-8. v. m.* .. 19 .... 19 ..
Géographie Comparée, par le même. *Paris*,
  1778, 5 *vol. in-8. & atl. in-4. v. m.* ..... 20 ....

### N°. 9. 133 *vol. in-4. & in-8.*

Fables Nouvelles, par de la Motte. *Paris*, 1719,
  *in-4. fig. v. m.* ..... 4 .... 19 ..
Hiſtoire Univerſelle, depuis le commencement du
  Monde juſqu'à préſent, trad. de l'angl. *Paris*,
  1779, 126 *vol. in-8. v. m.* 27 vol. broc. 300 .... 1 ..

### N°. 10. 60 *vol. in-4. & in-12.*

Obſervations ſur la Phyſique & ſur l'Hiſtoire
  Naturelle, par l'abbé Rozier. *Paris*, 1771,
  6 *vol. in-12. cart.*
Obſervations & Mémoires ſur la Phyſique &
  l'Hiſtoire Naturelle, par le même, depuis
  1773 — vendém. an XI. 55 *vol. in-4. cart. et br.* } 139 ....

Pharmacopée de Charras. *Lyon* , 1753 , 2 *vol. in*-4.

N°. 11. 52 *vol. in*-12. *dont* ,

Lettres de madame de Sévigné. *Paris* , 1763 , 8 *vol. in*-12. *v. m.*

Etrennes du Parnasse. *Paris* , 1772 , 12 *vol. in*-12. *cart.*

Recueil de Tragédies , Comédies , &c. 30 *vol. in*-8. *& in*-12.

N°. 12. 59 *vol. in*-8. *& in*-12. *dont* ,

Dictionnaire d'Anecdotes, de Traits singuliers, &c. *Paris* , 1768 , 2 *vol. in*-8. *v. m.*

Histoire de Gilblas de Santillane, par Le Sage. *Paris* , 1771 , 4 *vol. in*-12. *fig. v. m.*

Les Aventures de Robinson Crusoé. *Paris* , 1768 , 3 *vol. in*-12. *fig. v. m.*

Le Paradis Perdu de Milton , trad. en franç. *Paris* , 1729 , 3 *vol. in*-12. *v. f.*

Histoire d'Angleterre , trad. de Smolett , par Targe. *Orléans* , 1759 , 19 *vol. in*-12. *v. m.*

Théâtre de Saint-Foix. *Paris* , 1774 , 3 *vol. in*-12. *v. m.*

N°. 13. 67 *vol. in*-12. *dont* ,

Principes de Littérature , par Batteux. *Paris* , 1764 , 5 *vol. in*-12. *v. m.*

Œuvres de Pope , trad. de l'angl. *Amsterd.* 1758 , 7 *vol. in*-12. *fig. v. m.*

Œuvres de Fontenelle. *Par.* 1742 , 7 *vol. in*-12. *v. f.*

Histoire Nouvelle de tous les Peuples du Monde , par **M.** Delisle de Salles. *Paris* , 1779 , 60 *tom.* rel. *en* 42 *vol. in*-12. *& atl. v. éc.*

fables, de la fontaine . N.


Molière . N.

### N°. 14. 65 *vol. in-12. dont*,

Mémoires de Sully , avec les Remarques de l'abbé de l'Ecluse. *Londres*, 1747 , 8 *vol. in-12.* v. m. *2 vol. dépareillés* — — — — — — 5 .... 16

L'Efpion dans les Cours des Princes Chrétiens. *Amfterd.* 1756 , 9 *vol. in-12.* v. m. — — — 6 ... 1.

Œuvres de Crébillon le fils. *Londres*, 1772 , 7 *vol. in-12.* v. m. — — — — — — — 16 ....

Fables , Contes et Œuvres de La Fontaine. *Paris*, 1757 , 6 *vol. in-12. m. r.* — — — — — 18 .... 12

Voyage en Sibérie, par Gmelin. *Paris*, 1767 , 2 *vol. in-12. m. r.* — — — — — — 7 ... 10

### N°. 15. 38 *vol. in-8. dont*,

Œuvres de Molière, avec les Notes de Bret. *Paris*, 1773 , 6 *vol. in-8. fig.* v. m. — — 76 .... 2

Œuvres de Blaife Pafcal. *La Haye*, 1779, 5 *vol. in-8.* v. m. — — — — — — — 20 ....

Abrégé de l'Hiftoire des Voyages, par La Harpe. *Paris*, 1780 , 21 *vol. in-8. fig.* v. m. — — 91 ... 3.

### N°. 16. 58 *vol. in-12.*

Hiftoire Naturelle de Buffon. *Paris*, 1769 , 58 *vol. in-12. fig. br.* — — — — — — 91 ....

### N°. 17. 26 *vol. in-8.*

De la Confervation des Enfans, par Raulin. *Paris*, 1768 , 2 *vol. in-8.* v. m. — — — — 2 ... 19.

Obfervations fur les différentes méthodes d'adminiftrer le Mercure dans les maladies vénérien- 3 ....

nes, par de Horne. *Paris*, 1779, 3 *vol. in-8. cart.*

Essai sur l'abus des Règles générales qui s'opposent aux progrès de l'art des Accouchemens, par Levret. *Paris*, 1766, *in-8. v. m.*

Observations de plusieurs Accouchemens laborieux, par le même. *Paris*, 1762, *in-8. bas.*

Observations sur la cure radicale de plusieurs Polypes de la matrice, de la gorge & du nez, par le même. *Paris*, 1759, *in-8. bas.*

Traité des Opérations de Chirurgie, par Le Dran. *Paris*, 1742, *in-8. v. m.*

Nouvelle Méthode d'opérer les Hernies, par Leblanc. *Paris*, 1768, *in-8. m. r.*

Recherches sur les Maladies chroniques, particulièrement sur les Hydropisies, par Bacher. *Paris*, 1776, *in-8. v. éc.*

Traité des Maladies des gens de mer, par Poissonnier Desperrières. *Paris*, 1767, *in-8. m. r.*

Elémens de Pharmacie, par Baumé. *Paris*, 1762, *in-8. v. m.*

N°. 18. 54 vol. in-12. dont,

Essai physique sur l'Economie animale, par Quesnay. *Paris*, 1747, 3 *vol. in-12. v. m.*

Les Aphorismes d'Hippocrate expliqués. *Paris*, 1727, 2 *vol. in-12. v. m.*

La Médecine raisonnée d'Hoffman, traduite par Bruhier. *Paris*, 1751, 9 *vol. in-12. v. m.*

Matière médicale, trad. de Cartheuser. *Paris*, 1755, 4 *vol. in-12. v. m.*

Exposition anatomique de la Structure du Corps Humain, par Winslow. *Paris*, 1766, 4 *vol. in-12. bas.*

### N°. 19. 56 *vol. in-*12.

Aphorifmes de Chirurgie, de Boerhaave, com-
mentés par Van-Swieten. *Paris*, 1753, 7 *vol.*
*in-*12. *v. m.*  - - - - - - - - *8 ... 12.*

Mémoires de l'Académie de Chirurgie. *Paris*, 1743,
12 *vol. in-*12. *v. m.* = Prix de l'Académie de
Chirurgie. *Paris*, 1753, 8 *vol. in-*12. *v. m.* ... *17 ... 3.*

### N°. 20. 71 *vol. in-*8. & *in-*4.

Collection univerfelle des Mémoires particuliers
relatifs à l'Hiftoire de France. *Paris*, 1785,
61 *vol. in-*8. *br.* - - - - - - - - *47 ... 1.*

Cours complet d'Agriculture, par l'abbé Rozier.
*Paris*, 1791, 10 *vol. in-*4. *fig. br.* - - - - *67 ...*

---

Une très-belle pièce d'Anatomie, en cire, de
grandeur naturelle ; elle repréfente la ftructure
intérieure du corps de la Femme, la Matrice,
&c. &c. - - - - - - - - - - *19 ... 1.*

## F I N.